NOTICE

Sur le Bourg

DE

BUCHY

Par

V. AUBÉ, INSTITUTEUR

FÉCAMP

IMPRIMERIES RÉUNIES M. L. DURAND

1901

NOTICE

Sur le Bourg

DE

BUCHY

Par

V. AUBÉ, INSTITUTEUR

FÉCAMP

IMPRIMERIES RÉUNIES M.-L. DURAND

—

1901

NOTICE

SUR LE

BOURG DE BUCHY

BUCHY est un bourg de 811 habitants et d'une superficie de 370 hectares, situé à une altitude de 201^{m}, à 27 kilomètres de Rouen. C'est un chef-lieu de canton assez coquet, bâti sur un beau plateau, dans une contrée très salubre. Il est en communication avec le chemin de fer du Nord (lignes de Rouen à Amiens et de Buchy à Saint-Saëns) et avec le chemin de fer de l'Ouest ligne de Buchy au Havre par Clères et Motteville).

Un omnibus établit la correspondance avec la station de Buchy-Montérolier, distante du bourg de trois kilomètres environ.

Au chef-lieu se trouvent le Doyenné, un bureau de

postes et télégraphes, un tribunal de justice de paix, notariat, étude d'huissier, gendarmerie, perception, enregistrement, bureau d'agent-voyer cantonal, bureau de bienfaisance, hospice de vieillards et un magnifique Pensionnat de jeunes gens, établi conformément aux règlements les plus récents et confortablement aménagé.

Le marché de Buchy se tient le lundi ; il s'y fait de nombreuses transactions en grains, fromage, beurre, bestiaux, etc...

Sous l'habile administration de M. Persac, maire, une élégante halle au beurre a été construite, l'eau de la source de l'Héronchelle amenée au moyen d'une canalisation et d'une pompe foulante, l'hospice des vieillards fondé, l'école-pensionnat des garçons et la gendarmerie construits, la place du marché nivelée, des canaux creusés pour l'écoulement des eaux d'égoût, etc., etc...

Toutes ces améliorations ont été réalisées sans qu'aucune imposition extraordinaire ait été mise à la charge des habitants, ce qui est tout à l'honneur de ce chef de la municipalité.

Buchy s'appelait autrefois « Bichi », c'est-à-dire « petit bois ». — Comme Boos, il n'était avant la Révolution qu'un tout tout modeste village.

Il y eût néanmoins plusieurs fiefs. Celui de Léon

était un plein fief de Haubert qui avait droit de présenter à la cure.

Parmi les redevances figurait « un chapeau de roses vermeilles », un autre de ses vassaux devait chercher et quérir à ses dépens le pain et autres vivres nécessaires aux malades de la lèpre, quand il s'en trouvait à Buchy, ce qui donne à supposer qu'il y avait une léproserie dans cette localité.

La rue aux Juifs indique d'ailleurs qu'il y a eu autrefois beaucoup de Juifs dans cette commune. — Actuellement, si l'on y rencontre parfois des juifs « de fait », il n'y en a plus de nom.

Buchy est cité pour la première fois en l'année 1185 dans les annales du département de la Seine-Inférieure. C'est à cette époque que Hugues Talbot fit don au prieuré de Sigy de la dîme des Essarts de sa forêt de Buchy.

Dans un grand nombre d'actes, la seigneurie de Buchy est appelée baronnie, d'où l'on conclut qu'il y avait de belles dépendances.

Il y a eu dans ce bourg une argenterie qui dépendait de la vicomté de Gournay, et comprenait trente communes.

Il est fâcheux qu'il ne reste aucune trace de cet établissement royal. Malgré toutes nos recherches, nous n'avons rien pu découvrir s'y rapportant.

En l'année 1227, Robert de Poissy, seigneur de Buchy, accorda aux religieuses de Fontaine-Guérard (Eure) cent sous de rente à perpétuité, à prendre sur les revenus du marché de Buchy, dont vingt sous pour l'entretien de la lampe du Saint-Sacrement et quatre livres pour avoir du poisson pendant le Carême. — Il est à croire que cette denrée était alors bien meilleur marché qu'aujourd'hui, sans quoi les religieuses auraient couru grand risque de n'en pas manger souvent.

Cette rente était encore servie au monastère de Fontaine-Guérard à la fin du XVIIe siècle.

En 1358, après la disparition de la Jacquerie, une grosse troupe de gens armés occupa Buchy, un jour de marché, et y fit main-basse sur toutes les marchandises. Le bruit de ce rapt se répandit jusqu'à Rouen et les Rouennais en prirent, dit on, de « l'inquiétude ».

La population de Buchy était alors de 80 ménages; elle monta à 132 familles au siècle suivant, mais elle retomba à 30 feux en 1463, après les ravages la guerre de cent ans.

Enfin, en 1707, elle comptait 520 habitants et 104 familles. Depuis cette date, elle n'a fait qu'augmenter.

Vers cette époque, deux immenses incendies dévastèrent cette commune en l'espace de quatorze ans De nos jours, cet inconvénient n'est plus à craindre, grâce à l'importance et à la valeur de la compagnie des sapeurs-pompiers de notre bourg, commandée par M. Dujardin, lieutenant.

Un commerce important de chevaux se faisait à Buchy au XVIe siècle. On y venait de très loin faire ses achats. Ce trafic y est encore florissant et les foires sont très fréquentées.

Henri IV établit son camp à Buchy, le 12 février 1592, après la bataille d'Aumale, et se replia ensuite sur Blainville-Crevon, où Biron alla le rejoindre. — Il y revint le 18 du même mois, mais n'y resta que quelques jours.

Jusqu'en 1830, la famille de Blosseville posséda les halles et étaux de Buchy.

Les anciens du Bourg allaient, chaque année, offrir un bouquet à Mme de Blosseville le jour de sa fête, et étaient reçus en grande pompe au château.

A Buchy, est né en 1706 Pierre Leclerc de la Pierre, maître ès-arts et astronome, qui a laissé plusieurs ouvrages fort remarquables pour son temps.

Le 4 décembre 1870, quelques troupes françaises, avantageusement postées à Buchy, essayèrent d'arrêter l'armée prussienne qui marchait sur Rouen; mais, mal approvisionnées et sans ordre précis, elles furent forcées de reculer après un combat insignifiant. D'ailleurs, leurs deux canons furent démontés au début de l'action.

L'ennemi pouvait nous écraser avec son énorme artillerie ; il se contenta de nous tuer quelques hommes. Cet engagement que les Prussiens ont qualifié de « plaisanterie de Buchy » dans leurs ouvrages, se termina par ce qu'on est convenu d'appeler chez nous la « Retraite de Buchy ».

En 1835, deux malfaiteurs, nommés Fouquet et Bourdet, furent condamnés à mort et exécutés sur une des places publiques de Buchy, en face du « Café de l'Epoque ».

Ces individus avaient assassiné une dame Duvivier, boulangère, qui leur avait refusé du pain.

Maires

Les principaux maires de Buchy furent MM. Jamet, Villorgue, Loursel, Descamps, Dumont, Persac. M. Persac dirigea la municipalité pendant plus de trente ans.

C'était un homme habile, profondément bon, aimant beaucoup les pauvres et les soignant gratuitement, qui dota notre bourg d'une foule de monuments remarquables que nous avons déjà énumérés.

Toutes ces améliorations et sa belle résistance aux demandes vexatoires et exagérées des Prussiens en 1870, lui valurent la reconnaissance presque unanime de la population. Lorsqu'il mourut, au mois d'août 1900, ses obsèques furent grandioses, les principales notabilités du département y assistèrent et firent son éloge mérité.

C'est donc avec justice que les habitants de Buchy viennent de lui élever un monument par souscription sur une des places du marché, afin de perpétuer le souvenir de ses bienfaits.

Le maire actuel est M. Lhonoré. Il a bien inauguré ses fonctions en faisant voter par le Conseil municipal l'éclairage de notre bourg par le gaz acétylène.

C'est là une heureuse innovation qui fait bien augurer de la nouvelle administration.

Curés

Les curés de Buchy, dont nous pouvons citer les noms, sont : MM. Boucourt et Longuet qui furent pendant longtemps à la tête de cette paroisse et dont le souvenir est resté gravé dans le cœur des vieillards.

M. Bénard vint ensuite et y exerça son ministère pendant onze ans. Il fut nommé à la cure de Saint-Vivien à Rouen en 1896.

En ce moment, le curé-doyen de Buchy est M. Touzé, dont la bienveillance et la bonté sont déjà fort appréciées des habitants.

Instituteurs

Les instituteurs que nous pouvons nommer, sont : 1° M. Massu, arrivé vers 1815 et qui fut ensuite envoyé à Rouen pour être maître de chant à l'église Saint-Vivien ; 2° M. Lamette ; 3° M. Billot ; 4° M. Desloges, homme très apprécié, qui resta environ dix-huit ans ; 5° M. Lair, éducateur émérite : il fonda le premier pensionnat de garçons près l'église et le dirigea pendant 25 ans ; 6° M. Desbuissons, ancien instituteur à Ry, qui exerça ses fonctions pendant 7 ans et sut se faire aimer de tous ; 7° M. Aubé, ex-instituteur à Duclair, qui dirige encore actuellement le nouveau pensionnat construit près la route de Forges. — Cette institution reçoit une centaine d'élèves, dont quarante internes. Parmi ces derniers se trouvent plusieurs étrangers, Norwégiens ou Anglais, venus en France pour y apprendre notre langue.

L'Eglise

L'église de Buchy, dédiée à Notre-Dame, a été entièrement construite dans sa nef et dans son clocher vers 1860.

« Le chœur, édifié en moellon du pays et avec lequel on s'est raccordé, appartient au style de la Renaissance et remonte au XVIe siècle. Ce chœur est accompagné de deux chapelles latérales qui terminent les bas-côtés. Les contreforts élégamment sculptés sont supportés par des candélabres. Les fenêtres à plusieurs menaux sont de pur style flamboyant.

« Les voûtes, très jolies, ajoutent à la beauté de l'édifice.

« Les verrières du chœur représentent, au fond, la Résurrection ; au côté de l'Evangile sont l'Incarnation, la Nativité et l'Epiphanie.

« Au côté de l'Epitre, la Pentecôte, l'Ascension et l'Assomption. Les noms des donateurs occupent le bas de chaque verrière ; au haut est la date de 1551.

« Les verrières de la chapelle du Nord, dédiée à la

Vierge, représentent la Vision de l'Apocalypse, la Bête à sept têtes, la grande Babylone, avec les portraits des donateurs; celles de la chapelle Sud, dédiée à Saint-Joseph, figurent en grisailles, datées de 1854, des scènes de la Passion, telles que le baiser de Judas, la Flagellation, la Chute sous la Croix, le Crucifiement. A côté, est un magnifique tableau représentant le Jugement dernier, surmonté d'une Trinité.

« Tous ces vitraux, la plupart fort anciens, font l'admiration des connaisseurs.

« Cochet ».

Sociétés Musicales

La commune de Buchy possède deux sociétés de musique : l'une, appelée *Union Musicale*, est dirigée par M. Delarue, un des principaux propriétaires de la localité, conseiller municipal ; l'autre, dénommée *Fanfare Municipale*, est de création récente, mais elle peut néanmoins se faire entendre avantageusement. Son chef est M. Lainé, de Forges-les-Eaux.

Ces deux sociétés comptent une vingtaine de membres chacune. Si, comme on le pense généralement, la musique adoucit les mœurs, il est certain que la discorde ne se mettra pas de sitôt parmi les Buchois.

De la dénomination des habitants de Buchy

Il n'existe pas de textes anciens donnant sous la forme adjective, la dénomination des habitants d'un lieu ou d'une ville.

Les appellations de Rouennais, de Parisiens, de Bourguignons sont anciennes, mais la plupart des noms donnés aux habitants d'un lieu sont généralement d'origine purement moderne.

Pour former ces adjectifs on a eu recours à diverses terminaisons, soit en *ois*, soit en *ais* ou en *iens*, sans autre guide que l'euphonie, que l'harmonie plus ou moins heureuse du vocable terminatif.

Parfois aussi quand ce mode de formation ne paraissait pas agréable, on a forgé l'adjectif en se basant sur l'origine latine. C'est ainsi que les habitants de Besançon sont appelés Bizentins et ceux d'Evreux des Ebroïciens.

En résumé, je ne crois pas que l'on rencontre de textes donnant le nom adjectivé des habitants de Buchy; mais parmi les formations les plus usuelles : *Buchois, Buchyens* ou *Buchéens,* la plus logique, la plus conforme à la langue française et la plus euphonique est certainement « Buchois », qui n'est que la forme primitive de Buchais comme Français de François : « le peuple françois » comme l'on disait autrefois.

D'ailleurs, il y a une ville dont le nom a beaucoup de similitude avec Buchy, c'est Clichy et les habitants de Clichy sont des « Clichois ».

Maintenant, si l'on voulait chercher une dénomination plus savante ou pour mieux dire plus « pédantesque », on pourrait la tirer du latin.

Suivant M. de Beaurepaire, le savant achiviste de la Seine-Inférieure, le mot Buchy, comme Boissay qui n'en est pas loin, vient du latin « Buxetum », c'est-à-dire « endroit planté de bois » et d'après cette étymologie on devrait donc dire les « Buxétiens » : mais comme me l'a fait remarquer judicieusement un écrivain rouennais fort renommé, M. G. Dubosc, ceci à l'air extraordinairement prétentieux.

Et puis, il ne faut pas trop se fier à ces dénominations latines. Elles ont la plupart du temps été forgées au XIIe siècle par les clercs qui tenaient les registres des visites paroissiales des archevêques et ne remontent pas par conséquent à l'occupation romaine.

Souvent même, ces clercs traducteurs se sont livrés à de véritables calembourgs qui ne prêtent qu'à rire.

Pour conclure, repoussant l'adjectif formé du latin et conformément à l'avis des publicistes éminents que j'ai consultés, je pense qu'il convient d'appeler les habitants de Buchy des « Buchois », parce que c'est la forme la moins ambiguë, la plus modeste et la plus conforme au génie de notre langue.

Je n'ai pas, en écrivant cette NOTICE SUR LE BOURG DE BUCHY, *eu la prétention de faire œuvre d'historien, mais seulement voulu utiliser les quelques recherches par moi faites dans les documents conservés en plusieurs endroits. Je me suis surtout inspiré du désir d'en faire profiter mes concitoyens et mes amis, qui excuseront la forme et les proportions modestes de cet opuscule, simple « sommaire » d'un ouvrage de plus haute volée que je laisse à plus autorisé et plus compétent que moi le soin d'écrire.*

V. A.

Fécamp. — Imp. réunies M.-L. Durand

www.ingramcontent.com/pod-product-compliance
Lightning Source LLC
LaVergne TN
LVHW020511230826
846091LV00008BA/3459
9782019230692